Escena de la película
GIGANTE

Tino Villanueva

Escena de la película
GIGANTE

Traducción y edición de
Rafael Cabañas Alamán

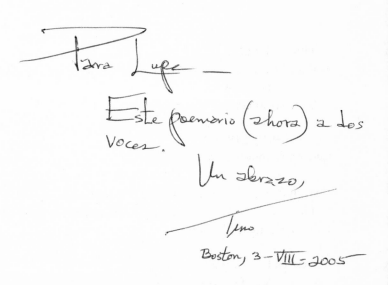

Para Lupe —
Este poemario (ahora) a dos
voces.
Un abrazo,
Tino
Boston, 3 – VIII – 2005

Editorial Catriel

COLECCIÓN / LITERATURA

VILLANUEVA, Tino
Escena de la película GIGANTE
Tino Villanueva
1ª ed. — Madrid: Catriel, 2005
1 v. 96 págs.
23 cm — (Colección Literatura)
ISBN: 84-87688-22-5

Primera edición: 2005
Depósito legal: M-24.088-2005

Título original:
Scene from the Movie GIANT,
© 1993, Curbstone Press, Willimantic, CT, U.S.A.
ISBN: 1-880684-12-8

© Tino Villanueva
© Rafael Cabañas Alamán, de la traducción e introducción
© Editorial Catriel
Calle Barco 40 - Patio
28004 Madrid – España
Fax: +34+915321847
Correo electrónico: catriel@catriel.net

Imagen de cubierta: fragmento de *Into the Green*,
acrílico sobre lienzo, 1973, de Tino Villanueva.
Diseño: Carmen Almirón.

Impreso en España, por
EFCA S.A. Artes Gráficas
Calle Verano 28
28850 Torrejón de Ardoz, Madrid

Agradecimientos en la edición original

Deseo agradecer a los editores de las siguientes revistas y antologías la publicación de algunos de los poemas que aparecen en este libro:

The Bloomsbury Review (September / October 1988): "Scene from the Movie GIANT".

Agni, Nº 28 (1989): "Fight Scene Beginning", "Fight Scene, Part II" y "Fight Scene: Final Frames".

Quarry West, Nº 26 (1989): "Text for a *Vaquero*: Flashback".

An Ear to the Ground: An Anthology of Contemporary American Poetry (Athens: The University of Georgia Press, 1989): "The 8:00 O'Clock Movie".

Tinta: Revista de Letras Hispánicas y Luso-Brasileñas, Vol. 2, Nº. 1 (otoño 1989): "The Trailing Consequence: A Triptych" y una primera versión de "Fade-Out-Fade-In".

After Azlán: Latino Poets of the Nineties (Boston: David R. Godine, Publishers, 1992): "On the Subject of Staying Whole".

Tino Villanueva

Índice

11 Introducción, por Rafael Cabañas Alamán

18 Scene from the Movie GIANT
19 Escena de la película GIGANTE

I

24 The 8:00 O'Clock Movie
25 La película de las 8

28 The Benedicts (Up-Close)
29 Los Benedicts (primer plano)

30 The Serving of Water
31 El servir del agua

34 Claiming the Air
35 Apropiándose del aire

36 Text for a *Vaquero*: Flashback
37 Texto para un vaquero: flashback

II

42 The Existence of Sarge
43 La existencia de Sarge

46 On the Subject of Staying Whole
47 Sobre el tema de mantenerse íntegro

48 Stop-Action: Impresion
49 Congelación de imagen: impresión

50 Fallingrief of Unpleasure
51 La pesaderrumbe del desagrado

52 Without a Prayer at the Holiday Theater
53 Sin una oración en el Cine Holiday

III

56 Fight Scene Beginning
57 La escena de la pelea al inicio

60 Fight Scene, Part II
61 La escena de la pelea, parte II

64 Fight Scene: Final Frames
65 La escena de la pelea: imágenes finales

IV

70 The Trailing Consequence: A Triptych
71 La consecuencia posterior: un tríptico

70 I *Journey Home*
71 I *Viaje a casa*

74 II *Observer and Observed*
75 II *Observador y observado*

76 III *Dusk with Dreaming*
77 III *Soñando en el crepúsculo*

V

82 That Autumn
83 Aquel otoño

84 Fade-Out-Fade-In
85 Fundir a negro–Abrir de negro

86 The Slow Weight of Time
87 El lento pesar del tiempo

88 The Telling
89 El acto de contar

91 Bibliografía de *Scene from the Movie GIANT*
93 Obras de Tino Villanueva

Introducción

Cuando cursaba mis estudios de doctorado e impartía clases en Boston University tuve la suerte de coincidir con Tino Villanueva, poeta y profesor que llevaba ya varios años trabajando para el mismo departamento al que yo pertenecía. Al poco tiempo de conocerlo ganó el *American Book Award* en 1994 por *Scene from the Movie GIANT* (1993), texto poético del que ya se han publicado tres ediciones. Lo escuché en varios recitales en la Universidad y me di cuenta de la gran sensibilidad y calidad literaria que brotaba de su poesía, lo que me motivó a leer sus poemas con detenimiento.

En cierta ocasión, al dar una conferencia en Baltimore sobre ciertos aspectos del bilingüismo en la poesía de Tino Villanueva, me llamó la atención que si bien unos poemarios suyos estaban escritos en inglés, y otros en español, su obra se había traducido muy poco. Así, de la noche a la mañana, impactado por la fuerza poética de la obra, me vi envuelto en la grata pero nada fácil tarea de empezar a verter al español *Scene from the Movie GIANT*, trabajo que me cautivó. Tino me animó y he tenido la gran suerte de contar con sus consejos en todo momento. Desde que regresé a España hemos seguido en contacto por correo electrónico y nos hemos reunido personalmente en varias ocasiones en Madrid. Tener la suerte de traducir a un poeta vivo ha sido un verdadero lujo para mí a la hora de elaborar la traducción de unas veinte versiones, de cada uno de los veintiún poemas, durante estos últimos años.

Scene from the Movie GIANT surge a raíz de la película "Gigante" (1956), protagonizada por Rock Hudson, Elizabeth Taylor y Dennis Hopper, la cual obtuvo nueve nominaciones a los Oscar y le supuso ganarlo al director, George Stevens. El reparto incluye también al ya mítico James Dean, quien pocos días después de rodar la última escena se estrelló en su Porche. La película impactó al también joven Tino, de catorce años, cuando la vio en el Cine Holiday de su pueblo natal en San

Marcos, Texas, marcando una experiencia y recuerdo que nunca lo abandonaron.

El momento clave que inspira al poeta gira en torno a una escena que se produce hacia el final de la película, en la que a una familia chicana se le niega ser atendida en un aislado café de carretera de Texas. Bick Benedict representa el bien y Sarge, el dueño de la hamburguesería, el mal. Ambos se enfrentan en una pelea donde Bick (Rock Hudson) acaba siendo el perdedor. En el libro de Villanueva se poetiza la temática concreta de la discriminación hacia los mexicoamericanos, con una detenida y consciente elaboración de la palabra.

Aun teniendo en cuenta la ardua, pero entretenida y desafiante tarea con la que me enfrentaba, al traducir un texto donde se explora un pequeño segmento de la tensión racial entre los latinos y los blancos, en una zona específica de los Estados Unidos en los años cincuenta, esta problemática me capturó mientras trasladaba al español el dispar fluir del sentimiento poético que aparece como arma fiel ante la discriminación e injusticia que hiere, motiva y da sentido a la voz poética.

De ahí que considerara, con más firmeza si cabe, que el poemario debía poder ser leído en español, aun sabiendo que la traducción presentaba una gran dificultad, pues me encontraba ante la responsabilidad de actuar no sólo como trasmisor y mediador de un claro mensaje temático, sino que también me sentía usurpador de un ya engendrado testimonio poetizado. Si bien en todo momento he intentado ser lo más fiel en lo posible al texto original, no he dejado de sentir la sensación de estar ocultándome bajo la piel de un transgresor de la palabra. Pero el experimentar la privilegiada vivencia de poder trasmutarme en "el otro", como poeta, traductor y por tanto, como creador, me motivaba a seguir adelante.

Los cambios de tono que se perciben en el texto ponen de manifiesto un estado de preocupación que no dejan inmóvil al lector, quien queda involucrado y es partícipe de la lectura y visualización de un "flashback" concreto que lo traslada, a la inversa que al poeta, de la poesía a la pantalla, ya lejana en el tiempo, de aquel cine de San Marcos. Pero este revivir de la memoria que despliega el autor chicano en su habitación de Marlborough Street, en Boston, y lo obliga a plasmar el episodio escrito en inglés para inmortalizar el recuerdo, le sirve como alivio mientras se da a conocer un mensaje que va dirigido a un lector de manera que éste pueda entender el dolor, y al mismo tiempo, para que perciba que la voz del mal, la de Sarge y los suyos, se pronuncia en el mismo idioma, el inglés, que es compartido con el mismo lector, testigo que no ha de permanecer pasivo ante el relato poético.

El poemario, que consta de cinco partes, despliega el ingenioso artificio del lenguaje utilizado por un escritor chicano cultivado, doctor de universidad, que presenta un trabajo doblemente esencial por su contenido temático y por la retórica empleada. La yuxtaposición de imágenes pone de relieve una amplia gama de ritmos poéticos: "[...] una brusca / voz teñida con los colores fuertes de la pantalla" / "[...] soy una débil luz parpadeante". "[...] Unos cuantos / podían distinguir entre el bien y el mal". "Surgió un estruendo de luz —palabras habladas y no habladas". "Donde no hay ni cielo ni tierra que le puedan conceder la libertad". Se marca el paso con unos versos libres que justifican la fuerza de la voz poética e inquieta que los compone, para reafirmar la propia identidad del escritor: "[...] algo / fuera de mi alcance empieza a ponerse en marcha y mi doble ademán / (a la luz disponible) se transfigura en palabras…". "Ahora soy porque escribo: lo sé en mi corazón / y lo sé por los firmes yámbicos de mi puño que / marcan el paso por encima del papel con los precisos rayos del sol".

El hablante desea acabar pacíficamente, clamar justicia, concluir el trabajo que no pudo realizar Rock Hudson: "Aumenta la fe en mí para que tu justicia profunda / triunfe en la pantalla. Es preciso que esto se cumpla. Sé / mi roca y redentor, el Eterno Defensor / de mi alma". Y como la libertad es universal y no tiene límites, el amplio mensaje del texto, complejo y abierto a múltiples interpretaciones —como lo demuestra la extensa bibliografía que he incluido al final del libro— debía traducirse a la lengua materna de las víctimas, dentro y fuera de la pantalla, ante el conflicto que aparece en esta determinada escena poetizada de la película.

Treinta y siete años después de vivir su experiencia aquel niño espectador, el poeta escribe su memoria en un libro que optó por elaborar en inglés, la lengua principal del país al que pertenece, obra que ahora es presentada en español por primera vez.*

Finalmente, deseo agradecer a la editorial Catriel el cuidado puesto en esta publicación. Le agradezco a mi gran amiga Yolanda Cabo sus sugerencias en la traducción. A Tino Villanueva le doy efusivas gracias por todo el apoyo que me ha brindado en estos años, sus múltiples revisiones de la versión en español de los poemas, la bibliografía que me ha facilitado sobre su obra y, especialmente, por haber depositado su confianza en mi trabajo.

Rafael Cabañas Alamán
Madrid, mayo de 2005

*Las versiones en español de algunos de los poemas del presente libro fueron dadas a conocer en *Poesía 080* (primavera de 2004), *Confluencia: Revista Hispánica de Cultura y Literatura* (19.2, primavera de 2004) y en la revista electrónica de la Universidad de Boston *Confabulario* (Vol. 2, otoño de 2004).

A B. Knott, por su apoyo y su crítica constructiva

A J. Salinas, quien asimiló la película desde el comienzo

Estos poemas relatan un incidente del pasado y están concebidos para leerse en secuencia.

Scene from the Movie
GIANT

Escena de la película
GIGANTE

Scene from the Movie
GIANT

What I have from 1956 is one instant at the Holiday
Theater, where a small dimension of a film, as in
A dream, became the feature of the whole. It
Comes toward the end...the café scene, which
Reels off a slow spread of light, a stark desire

To see itself once more, though there is, at times,
No joy in old time movies. It begins with the
Jingling of bells and the plainer truth of it:
That the front door to a roadside café opens and
Shuts as the Benedicts (Rock Hudson and Elizabeth

Taylor), their daughter Luz, and daughter-in-law
Juana and grandson Jordy, pass through it not
Unobserved. Nothing sweeps up into an actual act
Of kindness into the eyes of Sarge, who owns this
Joint and has it out for dark-eyed Juana, weary

Of too much longing that comes with rejection.
Juana, from barely inside the door, and Sarge,
Stout and unpleased from behind his counter, clash
Eye-to-eye, as time stands like heat. Silence is
Everywhere, acquiring the name of hatred and Juana

Cannot bear the dread—the dark-jowl gaze of Sarge
Against her skin. Suddenly: bells go off again.
By the quiet effort of walking, three Mexican-
Types step in, whom Sarge refuses to serve...
Those gestures of his, those looks that could kill

Escena de la película
GIGANTE

Lo que llevo conmigo de 1956 es un instante en el Cine
Holiday, donde una breve escena, como en
un sueño, se convirtió en un distintivo de la película. Hacia
el final aparece... la escena del café, que
proyecta un leve espectro de luz, inhóspito deseo

De verse a sí mismo una vez más, aunque a veces
no agrade ver las películas de antaño. Empieza con un
tintineo de campanas y la verdad más evidente:
que la puerta de un café de carretera se abre y
se cierra cuando los Benedict (Rock Hudson y Elizabeth

Taylor), su hija Luz, y su nuera
Juana y su nieto Jordy la atraviesan, no sin dejar de ser
observados. En realidad nada es un acto
de bondad a los ojos de Sarge, que es dueño de este
antro y la tiene tomada con Juana, de ojos oscuros, cansada

De tanto anhelo que conlleva el rechazo.
Las miradas de Juana, apenas habiendo entrado, y las de Sarge,
robusto y descontento desde detrás del mostrador, se cruzan
mientras el tiempo se detiene con el calor. El silencio lo invade
todo, asumiendo el nombre de odio, y Juana

No puede soportar el pavor —la mirada oscura de Sarge
contra su piel. De repente suenan las campanas otra vez.
Con el caminar silencioso y pesaroso, entran tres con aire
mexicano, a los que Sarge se niega a servir...
Esos gestos suyos, esas miradas que podrían matar

A heart you carry in memory for years. A scene from
The past has caught me in the act of living: even
To myself I cannot say except with worried phrases
Upon a paper, how I withstood arrogance in a gruff
Voice coming with the deep-dyed colors of the screen;

How in the beginning I experienced almost nothing to
Say and now wonder if I can ever live enough to tell
The after-tale. I remember this and I remember myself
Locked into a back-row seat—I am a thin, flickering,
Helpless light, local-looking, unthought of at fourteen.

Se te clavan en el alma por mucho tiempo. Una escena del
pasado me ha sorprendido en el acto de vivir: incluso
a mí mismo no puedo más que repetirme con frases preocupadas,
sobre un papel, cómo soporté la arrogancia de una brusca
voz teñida con los colores fuertes de la pantalla;

Cómo en un principio apenas experimenté nada que
mereciera la pena contar, y ahora me pregunto si alguna vez podré
    vivir lo bastante para contar
la historia posterior. Recuerdo esto y me recuerdo a mí mismo
atrapado en una butaca del final —soy una débil luz parpadeante,
indefensa, un lugareño insignificante de catorce años.

I

The 8:00 O'Clock Movie

Boston,1973—Years had passed and I assumed a
Different life when one night, while resting from
Books on Malborough Street (where things like
This can happen), there came into my room images

In black-and-white with a flow of light that
Would not die. It all came back to me in different
Terms: characters were born again, met up with
Each other in adult life, drifted across the

Screen to discover cattle and oil, traveled miles
On horseback in dust and heat, characters whose
Names emerged as if they mattered in a history
Book. Some were swept up by power and prejudice

Toward neighbors different from themselves,
Because that is what the picture is about, with
Class distinctions moving the plot along. A few
Could distinguish right from wrong; those who

Could not you condemned from the beginning when
You noticed them at all. Still others married or
Backed off from the ranch with poignant flair,
Like James Dean, who in the middle of grazing land

Unearthed the treasures of oil, buried his soul in
Money and went incoherent with alcohol. When the 40's
Came, two young men were drafted, the one called Angel
Dying at war. It's a generational tale, so everybody

La película de las 8

Boston, 1973— Mucho tiempo había pasado y llevaba
otra vida, cuando una noche, descansando de
los libros en Marlborough Street (donde cosas así
pueden suceder), entraron en mi habitación imágenes

En blanco y negro en un flujo de luz que
no se extinguía. Todo volvió a mí de un modo
diferente: los personajes nacían otra vez, se encontraban
juntos de nuevo siendo adultos, vagaban por

La pantalla tras el ganado y el petróleo, viajaban millas
a caballo entre el polvo y el calor, personajes cuyos
nombres emergían como si en un libro de historia
importaran. A algunos los arrastraban el poder y los prejuicios

Que mostraban hacia vecinos diferentes a ellos mismos,
porque de eso trata la película,
diferencias de clase que hacían avanzar el guión. Unos cuantos
podían distinguir entre el bien y el mal; a los que

No podían los condenabas desde el principio, si
es que notabas su presencia. Otros incluso se casaron o
dejaron el rancho con mucha pompa,
como James Dean, quien en medio del terreno de pastoreo

Desenterró los tesoros del petróleo, enterró su alma en el
dinero y se volvió incoherente con el alcohol. Con la llegada de
los años 40, llamaron a dos jóvenes a filas, y murió en la guerra
el que se llamaba Ángel. Es una historia generacional, así que todo el
    mundo

Aged once more and said what they had to say along the
Way according to the script. And then the end: the
Hamburger joint brought into existence to the beat of
"The Yellow Rose of Texas," Juana and her child the

Color of dark amber, foreshadowing the Mexican-looking
Couple and their daughter, all in muteness, wanting
To be served. I climbed out of bed and in my head
Was a roaring of light—words spoken and unspoken

Had brought the obliterated back. Not again (I said,
From my second-floor room) ...let this not be happening.
Three and-a-half hours had flicked by. As the sound
Trailed off into nothing, memory would not dissolve.

Envejeció una vez más y dijo lo que tenía que decir
en su momento según el guión. Y luego el final: la
hamburguesería que cobraba vida al ritmo de
"La rosa amarilla de Texas", Juana y su hijo

De color ámbar oscuro, presagiaban a la pareja
de rasgos mexicanos y a su hija, todos mudos, queriendo
ser servidos. Me levanté de la cama y en mi cabeza
surgió un estruendo de luz —palabras habladas y no habladas

Hacían de nuevo resurgir lo olvidado. Otra vez no (me dije,
desde mi habitación del segundo piso) ...que esto no esté sucediendo.
Tres horas y media habían pasado. Al irse el sonido
apagando del todo, el recuerdo se resistía a disiparse.

The Benedicts (Up-Close)

Together with their daughter Luz, they
Are casually rich, self-assured, handsome—: have
   Written their hoof-beats upon the land and

Named it; whose son is absent from this
Scene and is not a keeper of cows, but Harvard-trained
   Instead, and thus a rebel who practices

The goodness of medicine alongside the
Ethnic good looks of his able nurse, Juana, who is
   Here with her child trying to cross

The burning threshold of this pull-in café
And gets caught in the vast unwelcome which are the eyes
   Of Sarge that fire upon the heart.

Los Benedicts (primer plano)

Al igual que su hija Luz, son ellos
despreocupadamente ricos, seguros de sí mismos, bien parecidos—: han
   dejado escritos sus pasos galopantes sobre la tierra y

Le han puesto nombre; el hijo está ausente en esta
escena y no es un cuidador de vacas, sino que ha estudiado en Harvard
   más bien, y por ello, es un rebelde que practica

La bondad de la medicina al lado de la
belleza étnica de su hábil enfermera, Juana, que está
   aquí con el niño intentando atravesar

El ardiente umbral de este café de carretera,
y queda atrapada por la vasta antipatía que reflejan los ojos
   de Sarge que abren fuego contra el corazón.

The Serving of Water

Tell the portly waitress to stay overtime and
She will do it. Dressed in white, she is a
Version of Sarge...Who follows orders well
...Who may have it in her mind she is "The

Sweetest little rosebud that Texas ever knew."
Her whole embodiment is whatever she is doing—:

At a booth, here, on the warm, sketchy plain
Of day, it is water she sets out for the
Benedicts: the measurement of water is a ritual
That isolates a face from the many colors of the

Day, and she does so with her eyes aimed at
Anyone she has given a harsh name to—like Juana,

And her child, half-Anglo, who in Juana's womb
Became all Mexican just the same. The waitress,
Entirely conscious of her act, whose eyes, quick,
Flee back to Sarge and now call out in silence,

Brings this moment to the edge of something tense
That spreads to everything. Her sudden look of

Outward regard—then Sarge, stirring dense cloud
Gathering (*entering left*), standing over everyone
In tallness almighty. Ice-cream is what Rock Hudson
Wishes for his grandson: "Ice-cream it shall be,"

El servir del agua

Dile a la camarera regordeta que trabaje más horas y
lo hará. De traje blanco, es otra
versión de Sarge... Que cumple bien los mandatos
...Que tal vez se cree "El

Más dulce capullín que jamás se vio en Texas".
Todo en ella es la personificación de sus actos—:

En un reservado, aquí, en la cálida, levemente dibujada llanura
del día, es agua lo que ella les trae a los
Benedict: medir el agua es un ritual
que aísla una cara de los diversos colores del

Día, y lo hace con ojos que apuntan a
cualquiera a quien ella ha dado un duro nombre —como a Juana,

Y a su hijo, mitad anglosajón, que en el vientre de Juana
llegó a ser, aun así, todo un mexicano. La camarera,
completamente consciente de su acto, cuyos ojos, veloces,
huyen hacia Sarge y ahora claman en silencio,

Lleva este instante al borde de algo tenso
que a todo se extiende. Su inesperada mirada

Hacia afuera —y Sarge, agitado como una densa nube
que se aproxima (*entra por la izquierda*), alzándose sobre todo el mundo
en prominente omnipotencia. Un helado es lo que Rock Hudson
desea para su nieto: "Un helado será",

His words a revelation of delight: "Give the
Little fella some ice-cream"...Summer is one long

Afternoon when Sarge, moved by deep familiar
Wrath, talks down: "Ice-cream—thought that kid'd
Want a *tamale*." An angry mass of time travels
Back and forth the distance between Sarge and

Rock Hudson, as I sit, shy of speech, in a stammer
Of light, and breathe a breath not fully breathed...

Sus palabras, una deleitosa revelación: "Tráele un
helado al pequeñuelo"... El verano es una prolongada

Tarde en que Sarge, movido por la ira
intensa y consabida, dice con desprecio: "Helado —pensé que ese niño
querría un tamal". Una masa turbulenta de tiempo va
y viene entre Sarge y

Rock Hudson, mientras permanezco sentado, corto de palabras, ante
    un balbucir
de luz, y respiro un respirar no del todo respirado...

Claiming the Air

Sarge, the proprietor, has already claimed the air with
His eyes, squared off against Rock Hudson by slurring
His grandchild. The camera's eye blinks, adjust its

Focus to the segment that follows, the one grown around
Me like a lingering first cause. I remember it frame
By frame almost: *The little bell on top of the door is*

Heard, as the door opens: an old Mexican American couple,
And a woman, who could be an eldest daughter, come in.
Their image stays frozen, burns evenly around my brain: a
Tableau of himself, he is stooped in the ruts of old age,
Bits of gray hair fluffing out from under this hat, that

Courteous hat. The women, in uneventful-street clothes,
How their faces do not glow back from themselves, yet
Beckon with the color of sepia subdued—his also. Slow
In their gait toward the nearest booth by the door, they
Show a tired look as if from a journey begun long ago, one

Only their heritage could know. A woman I could be nephew
To and a couple old enough to call me grandson have walked
Into my life. They go unnoticed, except by Sarge, who walks

Among the greasy fires of his kitchen, comes to a stop and
Lets fly, heavy as lead: "Hey, you!" This is Sarge's Place,
A hamburger joint risen like a voice against the good.

Apropiándose del aire

Sarge, el propietario, se ha apropiado ya del aire con
los ojos, se enfrenta a Rock Hudson lanzando malas palabras
a su nieto. La lente de la cámara parpadea, ajusta el

Enfoque al fragmento que sigue, el que ha ido creciendo como
una persistente primera causa en mi mente. Lo recuerdo casi
fotograma por fotograma: *La campanita sobre la puerta*

Suena, mientras se abre la puerta: una pareja de ancianos
    mexicoamericanos,
y una mujer, que pudiera ser una hija mayor, entran.
La imagen se congela, se me queda bien iluminada en el cerebro:
retablo de sí mismo, él va encorvado sobre las huellas de la vejez,
trizas de canas peluseando bajo el sombrero, qué

Sombrero tan cortés. Las mujeres, con ropa de calle,
cuánto no les brillan las caras, sin embargo
resaltan por el tenue color sepia —también la de él. Su lento
andar hacia el reservado más cercano a la puerta,
parecen cansados, como si vinieran de un viaje emprendido tiempo
    atrás, uno

Que sólo los de su estirpe podrían reconocer. Una mujer de quien
    podría yo ser sobrino
y una pareja lo bastante mayor como para llamarme nieto forman
    ahora parte
de mi vida. Pasan desapercibidos, pero Sarge los ve mientras camina

Entre los fuegos grasientos de la cocina, se detiene y
les suelta, pesado como el plomo: "¡Eh, tú!" Esto es territorio de Sarge,
una hamburguesería que se alza como una voz contra el bien.

Text for a *Vaquero:*
Flashback

Giant (1956), next-to-the-last scene: Old man Polo,
head *vaquero* on Rock Hudson's Reata Ranch, has come
from sunlight, wife and daughter with him, to break
bread, where hamburgers might be enough for a family
who shall not be served. In my other mind I see him
in his youthful air—:

Dawns were easy in the branding camps
when he scrambled up
to the restless movement of the herd.
And when morning had lifted into noon
he didn't choke on dust
because his lungs were stronger
than wind shifts.
He owned the language of a roundup
and each day experience triumphed on the range.

I see him riding with others:
sombreros *obeying the knowledge of the head;*
chaparreras *rough-riding*
with their legs.
He is straight-backed, bandana at the neck,
and a leather-brown face toughened by the sun
glancing off his sweat.
Now he's moving warily
around stampedes he still remembers
in his bones.
So that if, for an instant, he grows quieter,
it's because he remains a separate fact—

Texto para un Vaquero:
flashback

Gigante (1956), la penúltima escena: el viejo Polo,
el vaquero capataz del Rancho Reata de Rock Hudson, acaba de quitarse
del sol, su esposa e hija con él, para partir
el pan, donde las hamburguesas pudieran ser suficientes para una familia
que no será servida. Desde mi otro parecer lo percibo
en su aire juvenil—:

Eran agradables los amaneceres cuando marcaban en los campos
y él se levantaba con gran prisa,
con el movimiento inquieto del ganado.
Y cuando la mañana se había alzado hacia el mediodía
no se atragantaba con el polvo
porque sus pulmones eran más fuertes
que los cambios del viento.
Poseía el lenguaje del rodeo
y la experiencia triunfaba entre los pastos cada día.

Lo veo montar a caballo con otros vaqueros:
los sombreros obedeciendo el saber de la cabeza;
chaparreras al compás de las piernas
en una dura cabalgata.
Bien erguido va él, pañuelo al cuello,
de curtida cara endurecida por el sol
que se desvía al pegarle contra el sudor.
Ahora se mueve con cautela
en las estampidas que en los huesos
todavía lleva.
Así que si se calla por un instante,
es porque sigue siendo una realidad aparte—

a silhouetted stoic in his saddle
like some vigilant bronzed-god
pondering his fate.

Evening draws upon the plain
and the cattle have been managed
into place. And it becomes almost like desire
when he reins his mount
before the mingled odors
of leather and foodstuff,
and beckons, in bated breath, a radiant sky
to show itself. Where the wind is cut off,
he lies with the flesh-tones of earth,
thinks about the history of the moon
and whether rain will come
to soothe the dust raving up from hooves
in the middle of July.
Bedded down, he's an object
half-buried among the blankets and the chaparral,
counting stars to fall asleep.
And when he dreams
he dreams that in a hundred years
his sons can own the ground he roams
and that his wife can be near...

That was many years ago. Now the trail has led
to here: the false hell of the hamburger place that
consumes him...where time denies him what he's been;
where there's no earth nor sky to make him free.

una estoica figura en la montura
como algún dios bronceado vigilante
reflexionando sobre su destino.

La noche desciende sobre la llanura
y han conducido el ganado
a su lugar. Y todo llega a ser algo así como el deseo
cuando él frena su caballo
ante los olores del cuero y los alimentos
que se confunden
y llama, conteniendo la respiración, a un cielo radiante
que se dé a conocer. Donde el viento se interrumpe,
él yace con los tonos color piel de la tierra,
piensa en la historia de la luna
y en si vendrá la lluvia
a calmar el polvo que se alza de las pezuñas
en pleno julio.
Ya acostado, es un objeto
medio enterrado entre las mantas y el chaparral,
y cuenta las estrellas para conciliar el sueño.
Y cuando sueña
sueña que dentro de cien años
los hijos puedan ser dueños de la tierra por donde él vaga
y que a su lado su esposa pueda estar...

Eso sucedió hace muchos años. Ahora el camino lo ha traído
hasta aquí: al falso infierno de la hamburguesería que
lo consume... donde el tiempo le niega lo que ha sido;
donde no hay ni cielo ni tierra que le puedan conceder la libertad.

II

The Existence of
Sarge

The old man places his hat   on the table and
All three have sat down,   the same as if their
Ancestors had been there first.   (Jump cut
To Sarge):   who is all at once by the booth in
Time   to hear the man stricken   in years:
"*Señor, buenos días.*"   On this earth   where
Animals have crawled into men,   Sarge is tall
Among them,   well past six-feet, oppressive
Everywhere,   in a white shirt, sleeves rolled
Up that declare   the beefiness of his arms
Which, if extended, could reach across bodies
Of water.   He stands there like God of the
Plains country, heavy-footed like a troglodyte,
And what he says   he says with the weight of
A dozen churches behind him: "You're in the
Wrong place, amigo.   Come on, let's get out
Here. Vamoose. *Ándale.*" The old man, whose
Skin is second-stage bronze from too much sun
That's gotten to it   and won't pull back its
Color,   has feebly searched   among the
Threads of his pocket   and extracted the sum
Of his need. In quietude (etched in raw umber):
Reliquary hands   are endlessly   making a
Wordless offering in a coin purse.   Then the
Very way   the tight-wound voice of Sarge
Echoes through the café walls, out onto the
Street,   and back inside the Holiday Theater
Where I sit alone   in the drop-shadows of the
Back—: "Your money is no good here. Come on,

La existencia de
Sarge

El viejo pone   el sombrero sobre la mesa   y los
tres   se han sentado,   lo mismo que si sus
antepasados   hubieran estado   allí primero.
(Salto de imagen a Sarge):   quien de repente está
cerca de la mesa   a tiempo para oír al hombre
azotado por los años: "Señor, buenos días". En
esta tierra   donde los animales han reptado
transmutándose   en hombres,   Sarge es alto
entre   ellos,   sobrepasa bien el metro noventa,
opresivo   todo él, de camisa blanca, mangas
recogidas proclamando   unos brazos carnosos
que, de estar   extendidos,   podrían abarcar
cuerpos acuosos.   Allí está él,   como el Dios
del País de la llanura,   de pies pesados   como
un troglodita,   y lo que dice   lo dice con el
peso   de una docena de iglesias   detrás de él:
"Te has equivocado de lugar, amigo.   Vamos,
lárguense de aquí.   Vamos. Ándale".   El viejo,
cuya piel es de   un bronce indeleble   de tanto
sol que le ha dado   y que no le retirará el color,
apenas si alcanza a buscar   entre los hilos del
bolsillo y extrae la   cantidad necesaria.   Con
quietud (grabado en puro ocre): unas manos
relicarias   hacen una silenciosa ofrenda en un
monedero.   Entonces la precisa voz tirante de ·
Sarge resuena por los muros del café,   afuera en la
calle,   y otra vez dentro del Cine Holiday
donde estoy   sentado solo   atrás en las sombras
de fondo—:   "Tu dinero aquí no vale. Vamos,

Let's go. You too,"   he says to the women,
Their torment half inside me. And with that:
He plops the old man's hat on his head and
Picks him up by the lapels.   *Put the film*
in reverse   (I think).   *Tear out these frames*
From   time-motion and color;   run the words
Backward in   Sarge's   breath and sever the
Tendons of   his thick arms   in bold relief.

vámonos. Ustedes también", les dice a las mujeres cuyo tormento   llevo yo medio metido adentro. Y con eso: le planta   al viejo el sombrero en la cabeza y lo levanta por las solapas.   *Que rebobinen la película* (pienso).   *Que arranquen estos fotogramas del tiempo-movimiento   y color; que se trague las palabras Sarge   y que le corten   los tendones de los   gruesos   brazos   en   marcado   relieve.*

On the Subject of Staying Whole

With orange soda and scoops of popcorn,
I have taken the vague wisdom of the
Body to my favorite last row seat at the
Movie house. It is 1956... and Sarge,
Keeper of the Lone Star house, Sarge,

Always Sarge, facing down everything
From the screen. I am fourteen and the
Muscles come to a stop: From the spell
Of too much make-believe world that is
real. If I yell, "Nooooo!, nooooo!,"

Would the projectionist stop the last
Reel of the machine? Would the audience
Rise up with me to rip down the screen?
I think now how it went: nothing was

Coming out of me that could choke off
The sentences of Sarge, a world-beater
Released into history I would later turn
Against. A second-skin had come over me

In a shimmer of color and light. I could
Not break free from the event that began
To inhabit me—gone was the way to dream

Outside myself. From inside, a small
Fire began to burn like deep doubt or

A world fallen...I held on. I held on.

Sobre el tema de mantenerse íntegro

Con un refresco de naranja y palomitas de maíz
he llevado la vaga sabiduría del
cuerpo a mi butaca favorita de la última fila del
cine. Es 1956... y Sarge,
encargado de este lugar Lone Star, Sarge,

Siempre Sarge, haciéndole frente a todo
desde la pantalla. Tengo catorce años y los
músculos se me paralizan: por el hechizo
de un mundo de apariencias donde todo es
real. Si grito "¡Nooooo!, inooooo!",

¿Cortaría el proyeccionista el último
rollo de la película? ¿Se levantaría el público
conmigo para echar abajo la pantalla?
Pienso ahora en cómo sucedió todo: nada

Salía de mí que pudiera ahogar
las frases de Sarge, un maltratador
lanzado a la historia contra la que más tarde después me
opondría. Una segunda piel me recubrió

En un resplandor de luz y color. No me pude
liberar de la escena que empezó
a invadirme—se había esfumado la manera de soñar

Fuera de mí mismo. Desde dentro, un pequeño
fuego empezó a arder como una duda profunda o

Un mundo derrumbado... Resistí. Resistí.

Stop-Action:
Impression

Of course, the sanctity of the café,
The just-righteousness of the Place.
And Sarge, absolute, stressing the plane

Of outward fact, as when the screen
Gives up the deep-in-air-rooted sound
Of his voice, the strong ejectives

And glottals; as when he unifies his
Muscle with the blunt instrument of
His words with which he tries to purge

His roadside dominion, so that man and
Women by his side shall be cast out,
Left unregarded to their own. The eye

Gets insulted by light and the thought
Descends—: that Sarge, or someone
Like him, can banish you from this

Hamburger joint; from the rest of your
Life not yet entered; from this Holiday
Theater and all sense of place.

Congelación de imagen:
impresión

Por supuesto, la santidad del café,
la justa rectitud del local.
Y Sarge, absoluto, acentuando el plano

De los hechos externos, como cuando la pantalla
libera el sonido profundamente arraigado en el aire
de su voz, las duras eyectivas

Y glotales; como cuando une su
fuerza al instrumento contundente de
sus palabras, con las que intenta purgar

Su dominio al lado de la carretera, para que el hombre y
las mujeres a su lado sean expulsados,
solos y a su suerte. La luz

Insulta la vista, y el pensamiento
desciende—: que Sarge, o alguien
como él, pueda expulsarte de esta

Hamburguesería; del resto de tu
vida no vivida aún; de este Cine
Holiday y de todo sentido de lugar.

Fallingrief of Unpleasure

The eye surrenders to the light and something begins
To go from you, as if you cannot but leave it: to

Wither on the floor, never to retrieve from darkness.
Like fragments of thought flashing, the slow burn of
Each frame rises into consciousness with the meaning

Of failed belief. A fallingrief of unpleasure grows
In you and something, call it the soul, deep is offended.
You want to go mad or die, but turn morose instead.

You lean back hard against your shadow and wish you
Could dissolve yourself in it, dissolve, fade to black.

La pesaderrumbe del desagrado

El ojo se rinde a la luz y algo empieza
a desprenderse de ti, como si no pudieras hacer nada más que dejarlo ir: a

Marchitarse en el suelo, para nunca ser rescatado de la oscuridad.
Como fragmentos de pensamiento destellante, el lento quemar de
cada imagen se alza a la conciencia con el significado

De una fallida creencia. La pesaderrumbe del desagrado aumenta
en ti y algo, llamémoslo el alma, queda ofendido en lo más profundo.
Te dan ganas de enloquecer o morir pero, sin embargo, te ensombreces.

Te inclinas hacia atrás firmemente contra tu sombra y deseas
poder disolverte en ella, disolverte, fundirte en lo negro.

Without a Prayer
at the Holiday Theater

What the screen had released through darkness was too
Much for a single afternoon. Without words, the child
Began to feel mortal, his mind breaking into awfulness:
A pulse-beat of dread worked itself down from his

Temples—there was, in his throat, a tightening dry
Knot and his mouth could not make spit. He longed
For something stronger than anything he was and the
Thought kept on him: why this was happening and where

He had failed. What had he been if not good all those
Years, off to Sunday school singing in the church
Choir? A wine-dark robe hung, brightly, in a
Practice room to prove it. Had the child been able

To ask nothing more of life than to turn desire into
Words he would have uttered—: *O Saviour, release
me from this fear; give me cool waters to temper
the heat of this wound which the back-row darkness
hides. Send forth your swift light of compassion
into the places of my woe. Climb down and be seated
next to me, All-Merciful, bearer of the world's pain.
Increase the faith in me that your deep justice will
triumph on the screen. I need to see it done. Be
in me my rock and my redeemer, the Eternal Defender
of my soul. Mend now my spirit, O God, weaver of the
good, that I may walk away from here feeling whole.*

Sin una oración en
el Cine Holiday

Lo que la pantalla había lanzado a través de la oscuridad fue demasiado
para una simple tarde. Falto de palabras, el niño
empezó a sentirse mortal, su mente sintió de súbito lo espantoso:
un latido de terror le fue bajando de las

Sienes —había en su garganta un nudo seco
que le apretaba y su boca no podía producir saliva. Anhelaba ser
un poco más fuerte de lo que era y el
pensamiento se mantuvo en él: que por qué estaba ocurriendo esto y
    que dónde

Había fracasado. ¿No había sido bueno él todos aquellos
años, yendo al servicio dominical, cantando en el coro
de la iglesia? Para probarlo, un hábito color vinoscuro colgaba, brillante,
en una sala de ensayo. Si el niño tan sólo hubiera podido

Pedirle a la vida únicamente que se convirtieran sus deseos en
palabras, hubiera pronunciado—: *Oh Salvador, libérame*
de este temor; ofréceme aguas frescas para templar
el calor de esta herida que la oscuridad esconde
en la última fila. Emite tu luz veloz de compasión
a los parajes de mi aflicción. Baja y siéntate
junto a mí, Todo Misericordioso, del dolor del mundo portador.
Aumenta la fe en mí para que tu justicia profunda
triunfe en la pantalla. Es preciso que esto se cumpla. Sé
mi roca y redentor, el Eterno Defensor
de mi alma. Alivia ahora mi espíritu, Oh Dios, tejedor del
bien, para poder alejarme íntegro de aquí.

III

Fight Scene Beginning

Bick Benedict, that is, Rock Hudson in the
Time-clock of the movie, stands up and moves,
Deliberate, toward encounter. He has come out
Of the anxious blur of the backdrop, like

Coming out of the unreal into the world of
What's true, down to earth and distinct; has
Stepped up to Sarge, the younger of the two,

And would sure appreciate it if he: "Were a
Little more polite to these people." Sarge,
Who has something to defend, balks; asks
(*In a long-shot*) if: "that there papoose down

There, his name Benedict too?," by which he
Means one-year old Jordy in the background
Booth hidden in the bosom of mother love of

Juana, who listens, trying not to listen. Rock
Hudson, his hair already the color of slate,
Who could not foresee this challenge, arms
Akimbo (*turning around*), contemplates the stable

And straight line of years gone by, says: "Yeah,
Come to think of it, it *is*." And so acknowledges,
In his heart, his grandson, half-Anglo, half-

La escena de la pelea al inicio

Bick Benedict, es decir, Rock Hudson en el
transcurso temporal de la película, se pone de pie y se mueve,
deliberadamente, hacia el encuentro. Ha salido
de la inquietante penumbra del telón de fondo, como

Saliendo de lo irreal hacia el mundo de
lo que es verdad, realista y diferente; se ha
encarado con Sarge, el más joven de los dos,

Y sin duda le agradecería si: "Fuera un
poco más educado con esta gente". Sarge,
quien tiene algo que defender, se detiene bruscamente; pregunta
(*en un plano general*) si: "aquel indiete

De allá, ¿también se llama Benedict?", refiriéndose
a Jordy, de un año, en el reservado
del fondo, escondido en el seno del amor materno de

Juana, quien escucha intentando no escuchar. Rock
Hudson, su pelo ya color ceniza,
quien no pudo prever este desafío, con los brazos
en jarras (*dándose la vuelta*), contempla la estable

Línea recta de los años que han pasado, y dice: "Bueno, sí,
ya que me lo pregunta, así *es*". Y por tanto reconoce,
en su corazón, a su nieto, mitad anglo, mitad

Brown. Sarge repents from words, but no
Part of his real self succumbs: "All right—
Forget I asked you. Now you just go back
Over there and sit down and we ain't gonna

Have no trouble. But this bunch here is
Gonna eat somewhere's else." Never shall I
Forget, never how quickly his hand threw my

Breathing off—how quickly he plopped the
Hat heavily askew once more on the old
Man's head, seized two fistsful of shirt and
Coat and lifted his slight body like nothing,

A no-thing, who could have been any of us,
Weightless nobodies bronzed by real-time far
Off somewhere, not here, but in another

Country, yet here, where Rock Hudson's face
Deepens; where in one motion, swift as a
Miracle, he catches Sarge off guard, grabs
His arm somehow, tumbles him back against

The counter and draws fire from Sarge to
Begin the fight up and down the wide screen
Of memory, ablaze in Warner-color light.

Moreno. Sarge se arrepiente de sus palabras, pero ninguna
parte de su ser real sucumbe: "De acuerdo—
Olvide mi pregunta. Ahora tan sólo vuélvase para
allá y siéntese y aquí no vamos a

Tener ningún problema. Pero esta panda de aquí
tendrá que comer en otra parte". Nunca
olvidaré, nunca, qué rápido su mano me alteró

El ritmo normal de la respiración—qué rápido le plantó el
sombrero bien ladeado en la cabeza del viejo,
una vez más, y con los puños lo cogió de la camisa
y chaqueta y levantó su cuerpo menudo como si nada,

Una nada, quien podría haber sido cualquiera de nosotros,
unos nadies ingrávidos bronceados por el tiempo real, lejos,
en algún lugar, aquí no, sino en otro

País, sin embargo aquí, donde la cara de Rock Hudson
se intensifica; donde en un movimiento, rápido como un
milagro, él coge a Sarge desprevenido, de alguna manera lo agarra
del brazo, lo tumba contra

El mostrador y hace que Sarge dispare con fuego
iniciándose la pelea por toda la ancha pantalla
de la memoria, encendida con luz del Warnercolor.

Fight Scene,
Part II

Mad-eyed Sarge recovers with a vengeance, tears
Away his white apron, lays bare his words: "You're
Outta line, mister..." And there are no more words

To say when he crouches forward at the same time
That one punch crashes him rearward among the table
And chairs by the jukebox that breaks out into the

Drumming of "The Yellow Rose of Texas," who was,
It is said, dark-eyed herself. In the dynasty of
Towering men—: all height, all live weight has
Evolved into Sarge, who stays etched in my eye as when

He parts the air with a right cross...and Rock Hudson
Begins to fall, is falling, falls in the slackening
Way of a slow weep of a body collapsing, hitting

The floor like falling to the rocky earth, territory
To justice being what Sarge refuses to give up.
Rock Hudson, in the name of Bick Benedict, draws
Himself up, though clearly, the holding muscles of
His legs are giving out—one moment he is in a

Clinch with Sarge, the next he is rammed back
Againts the red booths. The two of them have
Mobilized their arms that breed fire, and so it

La escena de la pelea,
parte II

Con ojos enloquecidos Sarge se recupera con venganza, se arranca
el delantal blanco, pone sus palabras al desnudo: "Está
fuera de lugar, señor..." Y no hay nada más que hablar

Cuando se pone en guardia, al mismo tiempo
que un puñetazo lo empuja hacia atrás entre la mesa
y las sillas, junto a la vitrola que rompe al

Tamborileo de "La rosa amarilla de Texas", quien era,
se dice, de ojos oscuros ella misma. En la dinastía de
hombres imponentes—: toda altura, todo el peso vivo ha
evolucionado en forma de Sarge, cuya imagen a mis ojos queda
    grabada

Como cuando parte el aire con un derechazo... y Rock Hudson
se empieza a caer, se va cayendo, se cae con la flojera
del lento llanto de un cuerpo que se desploma contra

El suelo como al caer en tierra rocosa, territorio
de la justicia que Sarge se niega a abandonar.
Rock Hudson, con el nombre de Bick Benedict, se
yergue, aunque claro está, los tensos músculos de
las piernas se le van agotando—unas veces está en

Clinch con Sarge, otras es arrojado
contra los rojos reservados. Los dos han
movilizado los brazos que engendran fuego, y así

Goes: a right upper-cut to Sarge and a jab to
Rock Hudson, engaged in a struggle fought in the
Air and time of long ago and was fought again this
Morning at dawn when light fell upon darkness and
Things were made right again. (I shut, now, slowly,

My eyes, and see myself seeing, as in a frame within
A frame, two fighters set upon each other. To this
Day I contend that I saw, for a second, the whole

Screen fill up with the arm-fist of Sarge blurring
Across it.) Now the fighters are one with the loud
Music bruising the eardrums. To be injured, there
Must be blood to see, for they have become two minds

Settling a border dispute. Two men have organized
Their violence to include me, as I am on the side
Of Rock Hudson, but carry nothing to the fight but

Expectations that, when it is over, I can repeat the
Name of goodness in Sarge's Place, as the singers sing
That raging song that seems to keep the fight alive.

Van las cosas: un gancho derecho a Sarge y un golpe seco a
Rock Hudson, envueltos ambos en una lucha que tuvo lugar en el
tiempo y ambiente de otra época y que se disputó de nuevo esta
mañana al amanecer, cuando la oscuridad sucumbió ante la luz y
las cosas se hicieron otra vez como Dios manda. (Cierro, ahora,
  lentamente,

Los ojos y me veo a mí mismo viendo, como en una imagen dentro de
otra, a dos combatientes lanzados el uno sobre el otro. Hasta
hoy afirmo que vi, durante un segundo, toda

La pantalla cubierta por el brazo-y-puño de Sarge, emborronándola
toda.) Ahora los combatientes forman uno con la música
que magulla los tímpanos. Para estar herido, debe
haber sangre a la vista, porque han llegado a representar dos actitudes

Que han puesto remedio a una disputa de frontera. Dos hombres han
  organizado
su violencia para implicarme, ya que estoy del lado
de Rock Hudson, pero no llevo nada a la pelea más que

Las expectativas de que, cuando esto concluya, pueda yo repetir el
nombre del bien en el territorio de Sarge, mientras los cantantes cantan
esa estrepitosa canción que parece mantener animada la pelea.

Fight Scene: Final Frames

...And now it must end. Sarge with too much muscle,
Too much brawn against Bick Benedict with his half-idea
To stay alive in the fight, but his shoulders, all down
To his arms, can no longer contend to come back, cannot
Intercept the wallop that up-vaults him over the counter,

As over a line in a house divided at heart. He steadies
Himself upward, all sense of being there gone, to meet
Sarge (*upwards shooting-angle*), standing with fists
Cocked to strike and he does, once more and again. You
Can see and can hear Rock Hudson's daughter give out a

Long-suffering cry, "Daaaddyyy!," and for Sarge to "leave
Him alooonnne!" But in a wrath like this there can be no
Pity upon the earth, as the blows come harder from Sarge
Like a fever in him. Then it happens: Sarge's one last,
Vital, round-arm punch, one just measure of power, turning

The concept of struggle around. The earth, finally, is
Cleared of goodness when Rock Hudson is driven to the
Rugged floor and does not rise, his wife, Elizabeth
Taylor (Leslie), kneeling to be with his half-life,
Illuminated body and heartbeat. Whose heartbeat? Whose

La escena de la pelea: imágenes finales

...Y ahora debe terminarse. Sarge, con demasiado músculo,
demasiada musculatura, contra Bick Benedict, poco convencido
de permanecer vivo en la pelea, pero sus hombros, y hasta
sus brazos, ya no pueden volver al pleito, no pueden
impedir el golpazo que lo lanza por encima del mostrador,

Como por encima de una línea que parte una casa en dos. Recobra
el equilibrio irguiéndose, habiendo perdido el sentido de estar allí,
 para encontrarse con
Sarge de pie (*plano desde un ángulo inferior*), con los puños
alzados para atacar, y lo hace una y otra vez. Se puede
ver y oír a la hija de Rock Hudson lanzar un

Grito de gran sufrimiento, "Paaappiii!", y a Sarge, "idéjelo ya
en paaazzzz!" Pero con semejante ira no puede haber
compasión sobre la tierra, mientras los golpes de Sarge
se intensifican como una fiebre que le entra. Y entonces sucede así: el
 último,
vital, rotundo puñetazo de Sarge, una medida justa de poder, cambiando

El concepto de la batalla. La tierra, al final, se queda
sin bondad cuando Rock Hudson cae
al suelo escarpado y no se pone en pie, su esposa, Elizabeth
Taylor (Leslie), arrodillándose para estar junto a él, medio muerto,
con el cuerpo iluminado y el latido de su corazón. ¿El latido de quién?
 ¿De quién

Strength must be summoned to make his graceful body
Arise? Who shall come forth and be followed? What
Name do I give thoughts that collapse though each
Other? When may I learn strongly to act, who am caught
In this light like a still photograph? Can two fighters

Bring out a third? To live, must I learn how to die?
Sarge stands alone now, with all the atoms of his power
Still wanting to beat the air, stands in glory like a
Law that stands for other laws. It remains with me:
That a victory is not over until you turn it into words;

That a victor of his kind must legitimize his fists
Always, so he rips from the wall a sign, like a writ
Revealed tossed down to the strained chest of Rock Hudson.
And what he said unto him, he said like a pulpit preacher
Who knows only the unfriendly parts of the Bible,

After all, Sarge is not a Chistian name. The camera
Zooms in:
                    WE RESERVE
                    THE RIGHT
                TO REFUSE SERVICE
                    TO ANYONE

In the dream-work of the scene, as it is in memory, or
In a pattern with a beginning and an end only to begin
Again, timing is everything. Dissolve and the music ends.

Es la fuerza que se debe reunir para que su cuerpo lleno de gracia
resucite? ¿Quién vendrá y será seguido? ¿Qué
nombre les doy a los pensamientos que se desploman entre
ellos mismos? ¿Cuándo podré aprender firmemente a actuar, estando
    atrapado
en esta luz como una fotografía? ¿Pueden dos combatientes

Sacar a la contienda a un tercero? Para vivir, ¿debo aprender a morir?
Sarge permanece solo ahora, aún con todos los átomos de su poder
queriendo batir el aire; se mantiene de pie cubierto de gloria como una
Ley que sostiene otras leyes. Esto es lo que conmigo perdura:
que una victoria no concluye hasta que se transforma en palabras;

Que este tipo de vencedor debe legitimar sus puños
siempre, así que arranca de la pared un letrero, como un mandato
de revelación arrojado al tenso pecho de Rock Hudson.
Y lo que le dijo a él, se lo dijo como un predicador de púlpito
que conoce solamente las partes más hostiles de la Biblia,

Después de todo, Sarge no es nombre cristiano. La cámara
se acerca:

NOS RESERVAMOS
EL DERECHO
DE NEGARLE EL SERVICIO
A CUALQUIERA

En el ensoñamiento de la escena, así como sucede en la memoria, o
en una estructura con un principio y un final solamente para empezar
otra vez, el momento oportuno lo supone todo. Fundido y la música
    cesa.

IV

The Trailing Consequence:
A Triptych

I

Journey Home

The picture show, three-and-a-half hours of it,
was over;
the credits, so many,
ascended into immortality.

The fiery art of film
had sent my head buzzing—:
I arose in penumbra, vexed at the unwinding
course of truth and was now lost in my steps,
eyes struggling with unnatural chasms of light.
I walked home for a long time
and in my mind   I regarded
the tall screen bearing down on me—
I was drifting away
from its outburst, yet its measure of violence,
like an indictment from Sarge,
did not fade.

There was no wind.
No firm star came out
to acquire me in safety.
The world seemed enormous around me
and as I moved in it
I felt I could not journey
further than myself.

La consecuencia posterior:
un tríptico

I
Viaje a Casa

La película, de tres horas y media,
había llegado a su fin;
los créditos, tantos,
ascendieron a la inmortalidad.

El furioso arte del cine
había hecho mi cabeza zumbar—:
me levanté en la penumbra, desconcertado ante la verdad
desenrollada y ahora me hallaba perdido en mis pasos,
con los ojos lidiando con abismos irreales de luz.
Caminé a casa durante mucho tiempo
y en mi mente   contemplé
la gran pantalla que se me echaba encima—
me iba alejando
de su estallido, aunque la medida de su violencia,
como una acusación de Sarge,
no se desvanecía.

No había viento.
Ninguna estrella apareció
para acogerme y darme seguridad.
El mundo parecía inmenso a mi alrededor
y según me movía en él
sentía que no podía viajar
más allá de mí mismo.

Minutes passed
and then another.
(Once I saw, as in a dream,
that I had never reached home.)
I crossed the railroad tracks, went past
the lumber yard, the concrete bridge at Purgatory Creek,
and over a second set of tracks—
a weary logic leading me back to where I began.
I think I must have made a fist
in desperation, as tough as the years
to my name
and there grew in my mouth
a great shout which never came.

Time and time over: a child at that age
falls short of endowing dumb misery with speech.

Pasaron unos minutos,
y después otro.
(Una vez vi, como en un sueño,
que nunca había llegado a casa.)
Crucé los raíles del ferrocarril, pasé de largo
el almacén de madera, el puente de cemento sobre Purgatory Creek,
y una vez más otros raíles—
una lógica agotadora me llevaba de nuevo a donde empecé.
Creo, de tanta desesperación,
haber apretado los puños
con tanta fuerza como los años
a mi nombre,
y allí creció en mi boca
un gran grito que nunca salió.

Una y otra vez: un chico a esa edad
no alcanza a ponerle palabras a lo que es torpe miseria.

II
Observer and Observed

No one walks with me
(down the dust-bound street
where I step lightly),
sullen, slight-young boy.
Each neighbor,
In the ease of the afternoon
serenely grown out of something forgetful,
looks through me,
believing life goes on as before
as I pass by.
The trees and the houses among them
see me staring in muteness;
from where they stand—houses, trees,
neighbors—they cannot know
the sudden intake of all breath,
a sigh I myself do not comprehend.

Something weightless
gathers around me, while my body, unpoised,
holds its forward momentum
in silence and slow time.

As the afternoon   emptied of meaning

deepens perceptibly,

the soft-hollowed steps in which I move
are my only cause.

II
Observador y Observado

Nadie camina conmigo
(por la calle cubierta de polvo
donde camino a paso ligero),
chico hosco, joven delicado.
En la tranquilidad de la tarde
que ha brotado serenamente de algo olvidable,
cada vecino
me traspasa con su mirada,
creyendo que la vida continúa como antes
cuando yo paso.
Los árboles y las casas entre ellos
miran fijamente que voy mudo;
desde donde están—casas, árboles,
vecinos—no pueden darse cuenta de
todo el repentino aliento hacia adentro,
un suspiro que yo mismo no alcanzo a comprender.

Algo ingrávido
se forma a mi alrededor, mientras mi cuerpo, sin aplomo
sostiene el impulso hacia adelante
en silencio y a tiempo lento.

Cuando la tarde   vaciada de significado

cobra una perceptible profundidad,

los suaves pasos huecos con que me muevo
constituyen mi única causa.

III
Dusk with Dreaming

The neighborhood, 1956—:
I reached its border
feeling I was nothing
other than my name.
It seems a long time ago
that I stepped into the *patio*,
held off for a moment
before going in for supper
and leaned, instead,
against a pecan tree's
slender-rooted trunk.
And standing at my point of view,
I felt a nothingness
burning through all thought.

By now the day was fading into twilight,
and I beginning
not to cast a shadow where I had always been,
when I saw,
suddenly, a boy alone
who had to tear to prove he was...
Something from the movie screen had
dropped into life, his small shield of faith
no longer with him.

III
Soñando en el crepúsculo

La vecindad, 1956—:
Llegué hasta sus límites
sintiendo que yo no era nada
más que mi nombre.
Parece que fue hace mucho tiempo
que puse los pies en el patio,
me detuve un momento
antes de entrar a cenar
y me apoyé, en cambio,
contra el delgado
tronco de un nogal.
Y de pie, desde mi posición,
sentí un gran vacío
que, ardiendo, traspasaba cada pensamiento.

Para entonces el día se estaba desvaneciendo en crepúsculo,
y yo empezaba
a no proyectar una sombra donde siempre había estado,
cuando vi,
de repente, a un chico solo
que tenía que llorar para probar que existía...
Algo de la pantalla se había
introducido en su vida, su pequeño escudo de fe
ya no estaba con él.

Dusk was dawning over the tree-tops
when I was called inside
where grace was said, I am sure of it,
for we were always grateful to the sky.
I remember the clock ticking

and my breathing
when finally

my mouth took ethnically again
sustenance in solace.
The rest of me began to dream and my mind
flew off and I became, for that instant:

another boy from another land, in another time,
another time, which is also home.

El crepúsculo alboreaba sobre las copas de los árboles
cuando me llamaron adentro
donde se dieron las gracias, estoy seguro de ello,
pues siempre le agradecíamos al cielo.
Recuerdo el reloj haciendo tictac

y mi respiración
cuando finalmente

mi boca de nuevo probó
sustento étnico en el consuelo.
El resto de mí empezó a soñar y mi mente
se alzó al vuelo y llegué a ser, por ese instante:

otro chico de otra tierra, de otro tiempo,
otro tiempo, también hogar.

That Autumn

The movie came to a close and went, and, in time,
it was forgotten, placed upon the background of
the past—: and I returned to play and laughter,

to class and lessons hardly learned. Each time I
spoke I lost a thought, or else said nothing to
friends who might have seen the picture to the end;
who might have been awakened, transfigured in some

faint and inner way by rage. Now I think: *the
poem's the thing wherein I'll etch the semblance
of the film.* So the mind becomes involved again with
after-sight, with frames as large as screens...and

without wearing it as too much knowledge, something
out of reach gets under way and the two-sided act of
myself (in the available light) behaves into words...

Aquel otoño

La película llegó a su fin y la quitaron, y, con el tiempo,
quedó olvidada, colocada en el fondo del
pasado—: y yo volví a jugar y a reír,

a clase y a las lecciones apenas aprendidas. Cada vez que
hablaba, o bien se me iban las ideas, o no les decía nada
a los amigos que pudieran haber visto la película hasta el final;
que pudieran haber sido despertados, transformados por la ira de algún

modo borroso e interior. Pienso ahora: *el
poema es donde la esencia de la película
mejor podré grabar*. Así es que la mente se involucra otra vez con
una visión posterior, con fotogramas tan amplios como pantallas... y

sin presumir de ello como con demasiada sabiduría, algo
fuera de mi alcance empieza a ponerse en marcha y mi doble ademán
(a la luz disponible) se transfigura en palabras...

Fade-Out-Fade-In

From the screen, from its multi-colored light
that struck my face and eye's anatomy, I
understood the indigenous fact—a victory for
Sarge, who disrupted my poise; who reached me,
heavily, through the shadows banked against the
back-most seats. When goodness was torn down
amidst the café air, not breathable at times,
something happened in me as well. With the vivid
plain before me at film's end, before the curtains

closed, the bright blankness of the screen came
down and shone on me when I stepped into the
aisle, vague in the yielding chiaroscuro. And
what I took in that afternoon took root and a
quiet vehemence arose. It arose in language—
the legitimate deduction of the years thought out.
Now I am because I write: I know it in my heart
and know it in the sound iambics of my fist that
mark across the paper with the sun's exacting rays.

Fundir a Negro—Abrir de Negro

De la pantalla, desde su luz multicolor
que batía contra mi rostro y anatomía de mis ojos,
entendí la realidad autóctona—una victoria para
Sarge, quien alteró mi equilibrio; que me alcanzó,
con fuerza, a través de las sombras agolpadas contra los
asientos de las últimas filas. Cuando el bien fue derribado
entre el ambiente del café, a veces irrespirable,
algo me ocurrió a mí también. Con la llanura
vívida ante mí al final de la película, antes de que el telón

se cerrara, la luminosa blancura vacía de la pantalla
descendió sobre mí cuando salí al
pasillo, en el evidente claroscuro. Y
lo que capté aquella tarde dejó huella y surgió en mí
una silenciosa vehemencia. Surgió en el lenguaje—
la legítima deducción de los años meditados.
Ahora soy porque escribo: lo sé en mi corazón
y lo sé por los firmes yámbicos de mi puño que
marcan el paso por encima del papel con los precisos rayos del sol.

The Slow Weight of Time

Endlessly to no end looking through
memory (O conscience that accentuates
a history full of ways to know the

heart) at what not long ago did happen,
you turn back to when your offended
little world was unresolved. Each

thought is longing to become another,
longing to sing, once again and always,
deep into a song of what memory still

might know. You draw air, press these
thoughts to paper and release your daily
self from the lost fragments of the past.

Now: in the conquered vigil of your
days, all distance weeps for you as you
drift out from the journey through

the slow weight of time, and you claim
that you are safe forever in the
very words you have chosen to become.

El lento pesar del tiempo

Buscando en vano al sinfín en
la memoria (Oh conciencia que acentúa
una historia repleta de modos de indagar en el

corazón) lo que no hace mucho sucedió,
regresas a cuando tu pequeño
mundo ofendido quedaba sin resolver. Cada

pensamiento anhela llegar a ser otro,
anhela cantar, siempre y una vez más,
profundamente una canción sobre lo que la memoria todavía

pudiera conocer. Aspiras aire, imprimes estos
pensamientos sobre el papel y desprendes tu
yo diario de los fragmentos perdidos del pasado.

Ahora: en la vigilia conquistada de tus
días, toda la distancia llora cuando
te alejas del viaje por

el lento pesar del tiempo, y afirmas
que estás a salvo para siempre en las
palabras mismas que has elegido ser.

The Telling

Anywhere, anytime, I fix it in my mind
    that what I know and runs through the
body, like unction, is anxious truth in me:

truth, uproaring in shadow and light,
which descends from days burnt away nakedly;

from what the eye has taken in, and the eye
    does not confuse time and place with
the act. At this moment of being human

(when the teller is the tale being told),
the ash of memory rises that I might speak,

that I might tell what I tell with words,
    which are the past falling from my mind.
Let the script reveal: that in the telling

I am cast in time forward, wherethrough runs
the present—one track of light triumphant,

the sum of everything that ignites this room
    with life, *vida que no olvida*, calling out
my name...O life, this body that speaks, this

repetitious self drawn out from *la vida revivida,*
vida sacada de cada clamor. Home at last, I am

trusting the light that attends me, and the
    natural physic of breathing, with words to
show the measure. *Oh vida vivida y por venir...*

El acto de contar

En cualquier lugar, a cualquier hora, fijo en mi mente
    que lo que sé y corre a través de mi
cuerpo, como una unción, es la ansiosa verdad dentro de mí:

la verdad que con ardor se eleva en luz y sombra,
que desciende de los días ostensiblemente perdidos;

de lo que el ojo ha captado, y el ojo
    no confunde tiempo y lugar con
los hechos. En este momento de sentirse humano

(cuando el narrador es la narración que se narra),
la ceniza de la memoria se agita para que yo bien pueda hablar,

que pueda decir lo que digo con palabras
    que son el pasado que se desprende de mi mente.
Que el guión revele: que en el acto de contar

me lanzo hacia adelante en el tiempo, por donde transcurre
el presente—una franja de luz triunfante,

la suma de todo lo que enciende este salón
    con vida, *vida que no olvida*, y que me está
llamando... Oh vida, este cuerpo que habla, este

yo repetitivo sacado de *la vida revivida*,
vida sacada de cada clamor. Al fin en casa,

confío en la luz que me atiende, y en la
    cura natural del respirar, con palabras que
revelan su justa medida. *Oh vida vivida y por venir...*

Bibliografía de *Scene from the Movie GIANT*

Armín Mejía, Jaime, Reseña de *Scene from the Movie GIANT*, en *Southwestern American Literature*, 19.2, primavera de 1994.

Costa Picazo, Rolando. "Del cine a la poesía chicana: el último volumen de Tino Villanueva", en *XXVIII jornadas de la Asociación Argentina de Estudios Americanos,* Editorial de la Fundación Universidad Nacional de Río Cuarto, 1997: 357-367.

Cruz, Víctor, Reseña de *Scene from the Movie GIANT*, en *Harvard Review* 7, otoño de 1994.

Dunphy, Elaine, Reseña de *Scene from the Movie GIANT*, en *MultiCultural Review* 3.1, marzo, 1994.

Espada, Martín. Reseña de *Scene from the Movie GIANT*, en *Melus* 20.3, otoño de 1995: 160-162.

Flores Peregrino, José, "Reclaiming the air", *The Texas Observer,* 24 de diciembre de 1993: 17-18.

Graves, Jim, "Tino Villanueva", en *Boston University Today,* 10-16, octubre de 1994: 3.

Guillory, Daniel L., Reseña de *Scene from the Movie GIANT, Library Journal* 118.18, 1º de noviembre de 1993.

Hanson, Susan, "San Marcos native reflects on the past in his newly released poetry collection", *San Marcos Daily Record,* 10 de octubre de 1993.

Hoggard, James, "The Expansive Self: The poetry of Tino Villanueva", *The Texas Observer,* 12 de mayo de 2000: 23-25.

Hong, Sheena L., "Villanueva takes a *Giant* scene to task", *The Daily Free Press* (Boston University), 21 de abril de 1994.

Jacob, John. "Heteroglossia." [Reseña de *Scene from the Movie GIANT* y otros trabajos], en *American Book Review,* 17.1, septiembre–octubre de 1995: 10, 14.

Jiménez, Eduardo, "*GIANT* as Chicano History", *La Prensa,* 15.34, 31 de agosto de 2003.

Klahn, Norma. Reseña de *Scene from the Movie GIANT*, en *CLRC News,* Chicano / Latino Research Center, University of California at Santa Cruz, 4, primavera de 1994.

Lewis, Tom J. Reseña de *Scene from the Movie GIANT*, en *World Literature Today*, 69.1, invierno de 1995.

Luna Lawhn, J. Reseña de *Scene from the Movie GIANT*, en *Choice*, junio de 1994.

Pérez, Alberto-Julián, "Tino Villanueva escribe en español", en *Alba de América: Revista literaria*, 21 (39-40), julio de 2002: 369-85.

Pérez, Alberto-Julián, "Tino Villanueva", en *Latino and Latina Writers*, Vol. 1, Editores: Alan West-Durán, María Herrera-Sobek, César A. Salgado, Nueva York, The Gale Group, Inc. 2004: 527-536.

Pérez, José C., Reseña de *Scene from the Movie GIANT*, en *Explicación de Textos Literarios*, 33.1, 1994-5.

Ramos, Carlos, "Una imagen, mil palabras y la identidad chicana", *Diario Málaga-Costa del Sol*, 7 de julio de 1996.

Reseña de *Scene from the Movie GIANT*, en *Rough Draft*, 11.9, septiembre de 1994: 6.

Rodríguez, Roberto; Gonzales, Patrisia, "From *Giant* to *Lone Star*—Some Hollywood Versions of the Latino Experience Echo the Truth", *Latino Spectrum*, Chronicle Features, 28 de marzo de 1997.

Rojas, Raymundo Eli, "Inspired by film, poet recounts Texas bigotry", *El Paso Times*, 1º de junio de 2003.

Salmons, Catherine A., Reseña de *Scene from the Movie GIANT*, en *Harvard Review* 8, primavera de 1995.

Stock, Ann Marie, "Talking Back, Looking Ahead: The Revisionist Cine-Poetry of Tino Villanueva", en *Bilingual Review /Revista Bilingüe*, 23.3, septiembre-diciembre de 1998: 237-247.

Susman, Gary, "Screen saga", *PLS Literary Section* (Supl. de *The Boston Phoenix*), 75, julio de 1994.

T. D'E (Tom D'Evelyn), "The Anxious Truth of Tino Villanueva", en *Bostonia*, primavera de 1994: 78-80.

Obras de Tino Villanueva

Poesía

Hay Otra Voz Poems (1968-1971), Madrid-Nueva York, Editorial Mensaje, 1972; [1974]; [1979].

Shaking Off the Dark, Houston, Arte Público Press, 1984. Edición revisada y aumentada, Tempe, AZ: Bilingual Press, 1998.

Crónica de mis años peores, La Jolla, CA., Lalo Press, 1987; [1994]; Madrid, Editorial Verbum, [2001].

Scene from the Movie GIANT, Willimantic, CT, Curbstone Press, 1993; [1996]; [2004].

Crónica de mis años peores / Chronicle of My Worst Years, Traducción de James Hoggard. Evanston, IL, Northwestern University Press, 1994.

Primera causa / First Cause, Traducción de Lisa Horowitz. Merrick, NY, Cross-Cultural Communications, 1999; [2004].

Il canto del cronista. Antología poética, Traducción, introducción y selección de Paola Mildonian, Firenze, Casa Editrice Le Lettere, 2002.

Otras obras

Chicanos: Antología histórica y literaria, Edición y prólogo de Tino Villanueva, México D. F., Fondo de Cultura Económica, 1980; [1985]; [1994].

Chicanos (Selección), México D. F., Fondo de Cultura Económica, 1985; prólogo de Tino Villanueva. Edición limitada a las primeras doscientas páginas de la *Antología...* publicada en 1980 [1992].

Tres poetas de postguerra: Celaya, González y Caballero Bonald (Introducción y entrevistas), Londres, Tamesis Books, 1988.